AF349730

ARRESTS
DE LA COVR
DES MONNOYES:

Contenans le Reglement pour la fabrication, ouurage, monnoyage des Especes
d'or & d'argent, les Rapports des Effayeurs, Emboëftez, Regiftres des deliurances, des brefues, point fecret, &
autres concernant la police des Monnoyes.

A PARIS,

Chez Sebastien Cramoisy, Imprimeur
odinaire du Roy, de la Reine, & de
la Cour des Monnoyes.

M DC. LXII.
Auec Priuilege de fa Maiefté.

EXTRAIT
DES REGISTRES
de la Cour des Monnoyes.

SVR ce qui a esté represen-
té à la Cour, par le Con-
seiller commis au Com-
ptoir pendant l'ann ée der-
niere, qu'en faisant la recherche des deniers courans dans les
Bureaux des receptes & bourses des Particuliers, pour l'instruction des boëstes
des Monnoyes de France, il a trouué
grand nombre de deniers mal mon-
noyez ; & que pour paruenir au iugement desdites boëstes , plusieurs diffi-
cultez se sont trouuées dans les Registres des deliurances, que les Iuges Gardes tiennent des ouurages qui se fabriquent esdites Monnoyes , causées par
l'inobseruance des Ordonnances & Reglemens faits pour la police d'icelles;

A ij

les emboeftez & rapports des effayeurs de quelques-vnes defdites Monnoyes eftant differens des autres ; Et qu'au-cuns d'iceux , faits contre lefdites Or-donnances & Reglemens, auroient plu-fieurs fois retardé le iugement defdites boeftes au preiudice de fa Maiefté & du public : Mefme que les Maiftres des Monnoyes , contre les inionctions qui leur ont efté reïterées par plufieurs & di-uerfes fois, de fabriquer également des Louis de cent fols & dix liures , & des Louis de trente fols, quinze fols & cinq fols , pour la facilité du commerce; la plufpart neantmoins ne fabriquent que des Louis de trente fols, & les plus re-ligieux d'entre eux des Louis de cent fols, quinze fols & cinq fols , en fort petit nombre ; Que quelques autres ayant abandonné le refpect & la fub-miffion deuë aux loix qui leur prefcri-uent des regles inuiolables en leur fon-ction, pour fuiure celles de leur intereft, continuent tous les iours de fabriquer des Louis de vingt liures, & de foixante fols piece, contre les defenfes expreffes de ladite Cour. A quoy eftant necef-

faire de pouruoir : Oüy le Procureur
General de fa Maiefté. Et tout confide-
ré : L a C o v r a ordonné & ordonne,
que les Edits & Reglemens concernant
lefdites Monnoyes feront exactement
obferuez par tous les Officiers des Monnoyes de France , & ce faifant que les
Iuges Gardes defdites Monnoyes tiendront Regiftre de tout l'ouurage qui
fera fabriqué dans chacune d'icelles ;
qu'ils ne feront aucune deliurance, que
l'effigie , efcuffon , legende , differences,
grenetis & millefimes ne foient bien
empraints, & les efpeces rondes, & bien
monnoyées ; que ledit Regiftre contiendra le nombre & poids defdites E-
fpeces d'or & d'argent qu'ils auront paffé en deliurance , lefquels nombre d'E-
fpeces & poids feront écrits tout du long
& non en chiffre ; & que lefdites deliurances feront fignées des Officiers au
mefme temps que lefdites pezées & deliurances auront efté faites ; qu'ils tre-
bucheront piece à piece les deniers qu'ils
pafferont en deliurance, dont ils feront
trois diuerfes pezées de trois marcs chacune, defquelles ils en feront vne com-

mune, conformément à laquelle ils feront leur rapport du foiblage de poids
de l'ouurage par eux paſſé eſdites deliurances : Et que ſuiuant leſdites Ordonnances ils ne paſſeront eſdites deliurances aucuns deniers d'or & d'argent, qu'ils
ne ſoient de poids , loy & remedes,
portez par icelles ; qu'ils emboeſteront
ſans aucun choix de deux cens deniers
de monnoyage d'or vn deſdits deniers,
& de dix-huit marcs d'argent , auſſi vn
denier, dont ſera fait mention dans ledit
Regiſtre des deliurances, & du iour de
chacune d'icelles ; que du foiblage de
poids ſi aucun ſe trouue dans leſdits remedes , il ſera fait mention des grains
dont l'ouurage ſera foible en trois marcs :
Que le rapport de l'Eſſayeur ſera auſſi
fait, ſçauoir pour l'or par carats quarts,
huitiéme & trente-deuxiéme de carat,
& pour l'argent par deniers , grains , demy grains & quart de grain; le tout ſans
fraude ſur les peines de l'Ordonnance.
Ordonne auſſi ladite Cour, que le Mai-
ſtre fabriquera des Eſpeces de Louis d'or
& d'argent de cent ſols , & dix liures,
de trente ſols, quinze ſols , & cinq ſols

en nombre égal de pieces , pour la facilité du commerce ; & qu'iteratiues de-
fenſes ſeront faites auſdits Maiſtres de
fabriquer des Louis de vingt liures, &
de ſoixante ſols piece, à peine de faux
& d'eſtre punis ſuiuant la rigueur des
Ordonnances : Qu'à la fin de chacune
année les boeſtes ſeront cloſes & ſeellées
par les Officiers , pour eſtre icelles in-
ceſſamment enuoyées en ladite Cour,
auec le Regiſtre original deſdites deliurances ; & qu'enfin d'iceluy il ſera
fait mention de la quantité des marcs
fabriquez & paſſez en deliurance , en-
ſemble du nombre des deniers emboe-
ſtez; la cloſture duquel ſera ſignée deſdits Iuges Gardes , Contregardes , Eſ-
ſayeurs, Tailleurs , & Maiſtres deſdites
Monnnoyes. Enioint ladite Cour auſdits Contregardes de tenir Regiſtre exaĉt
des matieres qui ſeront apportées iournellement eſdites Monnoyes , à peine
de priuation de leurs gages, & de plus
grande s'il y eſchet. Ordonne qu'à la
diligence dudit Procureur General, le
preſent Arreſt ſera enuoyé en toutes les
Monnoyes de France, pour y eſtre leu,

regiftré & obferué de point en point :
Et aufdits Iuges Gardes , aux Subftituts dudit Procureur General chacun
endroit foy , de tenir la main à l'execution d'iceluy , & aufdits Subftituts,
d'en certifier la Cour au mois. FAIT
en la Cour des Monnoyes , les Semeftres
affemblez , le dernier iour de Ianuier
mil fix cens cinquante.

Signé, DELAISTRE.

EXTRAIT DES REGISTRES
de la Cour des Monnoyes.

SVR ce que le Procureur General
du Roy a remonftré à la Cour, Que
bien que par Arreft du dernier Ianuier 1650. enuoyé en toutes les Monnoyes de ce Royaume, elle ait renouuel-
lé plufieurs Reglemens portez par les
Ordonnances, tres-importans pour eftre
obferuez par tous les Officiers , Ouuriers, Monnoyers, & Fermiers defdites
Monnoyes : Neantmoins aucuns d'iceux
n'ont obferué comme ils deuoient quelque partie des Reglemens portez par
ledit

ledit Arreſt , & que depuis quelque
temps ils ne font pas mettre ſur les carrez le point ſecret , & meſme que les
Ouuriers & Monnoyers ne tiennent pas
exactement regiſtre des brefues qui leur
ſont liurées chaque iour, ainſi qu'il leur
eſt enioint par leſdites Ordonnances,
Arreſt, & Reglemens. Ce qui produit
des deſordres, auſquels il requiert pour
ſa Maieſté eſtre pourueu.   La matiere
miſe en deliberation. Tout conſideré.
LA COVR faiſant droit ſur le requi-
ſitoire dudit Procureur General, a ordonné & ordonne que ledit Arreſt du
dernier Ianuier 1650. ſera executé de
point en point ſelon ſa forme & teneur. Ce faiſant, que les Iuges Gardes
deſdites Monnoyes tiendront regiſtre
de tout l'ouurage qui ſera fabriqué dans
chacune d'icelles , lequel ſera relié &
couuert de parchemin , & les feüillets
cottez par premier & dernier, qu'ils ne
feront aucune deliurance, que l'effigie,
eſcuſſon, legende, differends, grenetis
& milleſimes ne ſoient bien empraints,
& les eſpeces rondes & bien monnoyées : que ledit Regiſtre contiendra

le nombre & le poids defdites Efpeces
d'or & d'argent qu'ils auront paffé en
deliurance, de quelle brefue eft proue-
nuë ladite deliurance, fi elle eft d'efpeces
ou lingots , & le nombre des cizaillez,
lefquels nombres d'efpeces & poids feront écrits tout du long, & non en chiffre. Et que lefdites deliurances feront
fignées des Officiers au mefme temps
que lefdites pefées & deliurances auront
efté faites , qu'ils trebufcheront piece à
piece les deniers qu'ils pafferont en deliurance, dont ils feront trois diuerfes pefées de trois marcs chacune , defquelles
ils en feront vne commune, conformément à laquelle ils feront leur rapport
du foiblage de tout l'ouurage par eux
paffé en deliurance, & que fuiuant lefdites Ordonnances ils ne pafferont efdites
deliurances aucuns deniers d'or & d'argent, qu'ils ne foient de poids, loy, & remedes portez par icelles, qu'ils emboë-
teront fans aucun choix de deux cens
deniers de Monnoyage d'or vn defdits
deniers , & de dix-huit marcs d'argent
auffi vn denier , dont fera fait mention
dans ledit Regiftre des deliurances , &

du iour de chacune d'icelles. Que du foiblage de poids si aucun se trouue dans
lesdits remedes, il sera fait mention des
grains dont l'ouurage sera foible en trois
marcs. Que le rapport de l'Essayeur sera
aussi fait, sçauoir pour l'or par carats,
quarts, huitiéme, & trente-deuxiéme
de carat : & pour l'argent par deniers,
grains, demy grain, & quart de grain, le
tout sans fraude, sur les peines de l'Ordonnance. ORDONNE aussi ladite Cour
que les Maistres fabriqueront des especes d'or & d'argent de cent sols, & dix
liures, de trente sols, quinze sols, & cinq
sols, en nombre égal de pieces pour la
facilité du commerce. Et qu'iteratiues
defenses feront faites aufdits Maistres
de fabriquer des Louis de vingt liures,
& de soixante sols piece, à l'exception
toutefois de ceux à qui ladite Cour a
permis, pendant que l'abondance des
matieres durera, de faire & fabriquer
des Louis de soixante sols, à condition
que les brefues feront du moins de mil-
le marcs chacune, & non autrement, à
peine de faux, & d'estre punis suiuant la
rigueur des Ordonnances. Qu'à la fin

de chacune année les boëtes feront clo-
fes & feellées par les Officiers , pour
eftre icelles inceffamment enuoyées en
ladite Cour , auec le Regiftre original
defdites deliurances , & qu'en fin d'i-
celuy il fera fait mention de la quantité des marcs fabriquez & paffez en deliurance , enfemble du nombre des deniers emboëtez , la clofture duquel fera
fignée defdits Iuges Gardes , Contregardes, Effayeurs , Tailleurs , & Maiftres
defdites Monnoyes. ENIOINT ladite
Cour aufdits Contregardes de tenir Regiftre exact des matieres qui feront apportées iournellement efdites Monnoyes , à peine de priuation de leurs gages , & de plus grande , s'il y efchet.
Et en adiouftant audit Arreft dudit iour
31. Ianuier 1650. enioint aux Preuofts
des Ouuriers & Monnoyers de tenir Regiftre des bréfues qui leur feront de-
liurées par chacun iour par les Gardes,
qui fera paraphé defdits Gardes, ou de
l'vn d'iceux , & contiendra la quantité
de l'ouurage qu'ils auront receu & ren-
du, tant de net que de cizaillé, pour eftre
iceluy reprefenté au premier des Prefi-

dens ou Conseillers de ladite Cour, lors qu'ils en seront requis, & enuoyé au Greffe de six mois en six mois ledit Registre, dont ils tiendront copie par deuers eux, conformément aux Ordonnances de François I. & Henry II. Comme aussi que lesdits Gardes tiendront la main à ce que les Tailleurs particuliers mettent sur les Carrez le point secret aux endroits designez par lesdits Reglemens. ORDONNE qu'à la diligence dudit Procureur General le present Arrest sera enuoyé en toutes les Monnoyes de France, pour y estre leu, enregistré, & obserué de point en point, duquel copie sera mise en vn Tableau dans la Chambre des deliurances & Comptoir desdites Monnoyes, à ce que lesdits Officiers & Ouuriers n'en ignorent. ENIOINT ausdits Iuges Gardes, aux Substituts dudit Procureur General, chacun endroit soy de tenir la main à l'execution d'iceluy, & ausdits Substituts d'en certifier la Cour au mois. FAIT en la Cour des Monnoyes, les Semestres assemblez, le 10. iour de May 1652.

Signé, BOVLE'.

ARREST DE LA COVR

des Monnoyes, concernant les fonctions des Presidens & Conseillers
Commissaires d'icelle.

*Extrait des Registres de la Cour des
Monnoyes.*

CE iour la Cour, les Semestres assemblez, deliberant sur le Reglement, qui est à faire pour les fonctions des Presidens & Conseillers Commissaires de ladite Cour, dans leurs vi-
sites & cheuauchées : Veu les Articles
dressez pour ledit Reglement par les
Conseillers à ce commis : Et oüy le
Procureur General du Roy, auquel lesdits Articles ont esté communiquez, a
ordonné & arresté ce qui ensuit.

I.

Premierement, lesdits Commissaires
visiteront les Hostels des Monnoyes, où
ils auront esté départis par la Cour.

II.

Se feront representer les boëstes, &

dresseront procés verbal des deniers, qui s'y trouueront, lesquels ils feront enfermer dans vn paquet, & iceluy cacheter de leurs seaux, pour estre enuoyez à la fin de l'année, auec le surplus des deniers desdites boëstes.

III.

Se feront apporter, paraferont & examineront diligemment les Regiftres des deliurances, ensemble ceux du Maiftre, Contregarde, Essayeur, Tailleur, & des Preuofts des Ouuriers & Monnoyers.

IV.

Au cas que par le calcul & examen desdits Regiftres, ils reconnoiffent qu'ils ne s'accordent pas entre eux, & qu'il y ait presomption de recelé fait dans lefdites Monnoyes, ils en informeront aussi-toft, à la requefte du Procureur General.

V.

Feront mettre à part les fers, fur lefquels il aura efté monnoyé, pour estre gardez iufques aprés le iugement diffinitif des boëstes, & feront difformer ceux, qui auront ferui au trauail, qui aura efté iugé diffinitiuement.

VI.

S'il y a aucunes matieres d'or & d'argent dans lesdits Hoſtels des Monnoyes , en feront fondre vne ou plu-
ſieurs brefues , & icelles , aprés les eſ-
ſais accouſtumez faits , ouurer & mon-
noyer , le tout en leur preſence , & re-
tiendront des deniers deſdites brefues ,
qu'ils apporteront au Comptoir de la
Cour , pour eſtre ioints à l'inſtruction
des boëſtes , deſquels deniers ils payeront
la valeur aux Maiſtres deſdites Monnoyes , qui leur ſera renduë par le Con-
ſeiller commis audit Comptoir.

VII.

Viſiteront le Tailleur , & prendront
garde que ſes quarrez ſoient frapez
du poinçon du Tailleur general , que les
lettres de la legende ſoient bien gra-
uées , & que les differens , tant du Mai-
ſtre que dudit Tailleur & point ſecret ,
y ſoient obſeruez , conformément aux
Reglemens.

VIII.

Verront ſi les Preuoſts des Ouuriers
& Monnoyers tiennent Regiſtres des
brefues , qui leur ſont baillées , & de
ce

ce qu'ils rendent de net & cizaillé , &
où ils auroient esté negligens de tenir
lesdits Regiftres , les obligeront d'en
tenir conformément aux Ordonnances.

IX.

Verront fi l'Essayeur fait les essais , suiuant les Ordonnances & Reglemens.

X.

Auertiront les Iuges Gardes d'executer & faire executer lesdites Ordonnances & Reglemens , & nommément
ceux du 31. Ianuier 1650. & 10. May
1652. tant pour les pesées & deliurances,
que pour l'ordre de la fabrication & police desdites Monnoyes , lesquels ils
feront publier de nouueau, & regiftrer
és Greffes des Hoftels des Monnoyes,
où ils ne l'auront point encore esté.

XI.

Seront tenus de faire porter auec eux
vn poids de marc eftallonné fur celuy
de la Cour auec vn Trebuchet & des
Deneraux , pour fur iceux verifier les
poids & deneraux desdits Hoftels des
Monnoyes , lesquels , s'ils fe trouuent
trop foibles , ils feront recharger en
leur prefence : vifiteront auffi les ba-

C

lances defdits Hoftels, & au cas qu'aucunes fautes & maluerfations euffent
efté commifes auec lefdites balances &
poids defectueux, lefdits Commiffaires
en feront la iuftice telle qu'au cas ap-
partiendra.

XII.

Feront recherche de deniers courans,
pour feruir aux inftructions des boëftes.

XIII.

Contraindront les Changeurs de li-
urer leur faitfort és Monnoyes, dans
le reffort defquelles ils refideront, & à
faute de ce faire, de payer au Roy, ce
qu'ils deuront à caufe dudit faitfort.

XIV.

Ne pourront hanter ni frequenter
les Maiftres & Officiers des Monnoyes,
aux termes de l'Ordonnance.

XV.

Vifiteront dans les villes de leurs Departemens, les Changeurs, Orfeures,
Ioyaliers, Affineurs, Bateurs & Tireurs
d'or & d'argent, Orlogers, Graueurs,
Balanciers, Fondeurs & Mouleurs en
fable, Diftillateurs d'eau de vie & d'eau
forte, Chymiftes, & autres iufticiables

de la Cour, & prendront garde que le nombre defdits Changeurs, Orfeures, Affineurs, Bateurs & Tireurs d'or, & autres defdits iufticiables, n'excede celuy porté par les Ordonnances, Arrefts, & Reglemens, & que les Edits & Reglemens & Statuts faits pour lefdits Arts & meftiers foient ponctuellement obferuez.

XVI.

Feront auffi renouueller efdites villes la publication des Ordonnances & Reglemens de la Cour, pour le cours & mifes, ou décry des Efpeces.

XVII.

Se tranfporteront és Foires les plus celebres, qui fe tiendront dans l'eftenduë de leurs Departemens, pour y faire pareillement publier & garder lefdites Ordonnances & Reglemens, & faire leurs vifites chez les Changeurs, Orfeures, Ioyaliers & autres iufticiables de ladite Cour, qui s'y trouueront.

XVIII.

S'enquerront efdites villes & Foires en quelles efpeces fe feront les payemens, & informeront des billonnemens & tranſports des matiers , ou eſpeces d'or & d'argent, ſoit de France ou eſtrangeres , & procederont contre les contreuenans aux Ordonnances , ſuiuant la rigueur d'icelles.

XIX.

En viſitant les Orfeures , Bateurs & Tireurs d'or de leurs Departemens, feront faire eſſay non ſeulement des ouurages non marquez ni contremarquez, mais meſme , en cas de ſoupçon , de ceux qui le feront, & leſdits ouurages ſe trouuans defectueux au titre , procederont en la forme preſcrite par les Ordonnances contre ceux qui les auront faits , ou expoſez en vente.

XX.

S'enquerront des Marchands , Banquiers ou autres perſonnes qui auront des lingots , barres & matieres d'or & d'argent , & les contraindront de les porter és Hoſtels des Monnoyes , pour eſtre conuerties en eſpeces, aux coings & armes de ſa Maieſté , & la iuſte valeur leur en eſtre renduë.

XXI.

Informeront contre les Fabricateurs

& expositeurs de fausse monnoye, Rogneurs, Alterateurs, Billonneurs & autres infracteurs des Ordonnances, concernant le fait des Monnoyes & metaux, instruiront & iugeront leurs procés aux termes des Edits, Arrests & Reglemens de la Cour.

XXII.

Se transporteront és Mines d'or & d'argent, qui seront ouuertes dans l'étenduë de leurs Departemens, auront l'œil sur le trauail desdites Mines, & prendront soin de faire porter és Monnoyes les plus prochaines les matieres prouenantes d'icelles.

XXIII.

Tiendront la main à l'execution des Arrests de la Cour, dont ils auront esté chargez.

XXIV.

Seront tenus allans faire leursdites Commissions, d'auertir la Cour du temps de leur départ, à ce que le Conseiller commis au Comptoir leur puisse donner les Arrests, memoires & pieces necessaires pour l'instruction des boëstes.

XXV.

Ne pourront eftre moins de trois mois dans leurſdites Commiſſions.

XXVI.

Dreſſeront exactement les procés verbaux de leurs cheuauchées & viſites, leſquels ils remettront au Greffe de la Cour incontinent aprés leur retour, & informeront ladite Cour de ce qui ſe fera paſſé de plus important en leurſdites viſites, pour y eftre par elle auſſi-toſt pourueu.

XXVII.

En cas de maladie ou autre empéchement feront leſdits Commiſſaires obligez de ſubſtituer ſous le bon plaiſir de la Cour, autres des Preſidens & Conſeillers d'icelle, pour faire leurſdites Commiſſions en leurs places, ſinon il y fera par elle pourueu : Commettra auſſi ladite Cour à l'exercice des Commiſſions vacantes par mort ou autrement, iuſques à ce qu'elles ayent eſté remplies.

XXVIII.

Seront au ſurplus les Ordonnances, Arreſts & Reglemens concernant les fonctions defdits Commiffaires, par eux gardées & obferuées, felon leur forme & teneur. FAIT en la Cour des Monnoyes, les Semeftres affemblez, le 28. Iuillet 1662.

Signé, HERARDIN.

Collationné aux Originaux par moy Confeiller, Secretaire du Roy, Maifon & Couronne de France, & de fes Finances, Greffier en chef de la Cour des Monnoyes, fous-figné.